Inhalt

Friedensnobelpreis - Internationale Atomenergie-Organisation (IAEO) ausgezeichnet

Kernthesen

Beitrag

Fallbeispiele

Zahlen und Fakten

Weiterführende Literatur

Impressum

Friedensnobelpreis - Internationale Atomenergie- Organisation (IAEO) ausgezeichnet

Autor GENIOS BranchenWissen: A.Schneider

Kernthesen

- Die Internationale Atomenergieorganisation (IAEO, englisch: International Atomic Energy Agency, IAEA) und ihr derzeitiger Generaldirektor Mohammed el-Baradei werden mit dem diesjährigen Friedensnobelpreis ausgezeichnet.
- Die IAEO verfolgt zwei Ziele: zum einen fördert sie die internationale Zusammenarbeit zur friedlichen Nutzung

der Kernenergie, zum anderen soll sie den Missbrauch der Atomtechnologie und die Verbreitung von Atomwaffen gemäß Atomwaffensperrvertrag verhindern.
- Das internationale Echo auf diese Entscheidung des Nobelpreiskomitees ist geteilt.

Beitrag

In einer Zeit, da die Kernenergie scheinbar neuen Aufwind erhält, kommt aus Oslo der Wink mit dem Zaunpfahl: der diesjährige Friedensnobelpreis für die Internationale Atomenergie-Organisation (IAEO) und ihren Chef Mohammed el-Baradei kann als Aufruf für den weiteren gemeinsamen, internationalen, friedlichen Kampf gegen einen drohenden Atomterror verstanden werden.

"Atompolizei" wird geehrt, "Weltpolizei" reagiert verschnupft

Seit dem 7. Oktober geht es durch die Presse: der diesjährige Friedensnobelpreis wird an die Internationale Atomenergie-Organisation (IAEO) und ihren Chef Mohammed el-Baradei verliehen. Damit erhält - 60 Jahre nach Hiroshima und Nagasaki - den

begehrten Preis wieder einmal eine Organisation, die gegen Atomwaffen und die atomare Zerstörung der Welt kämpft (1). Mit el-Baradei wird ein Mann ausgezeichnet, der nicht laut übers politische Parkett poltert, sondern mit leisen Tönen daherkommt. Er gilt als "objektiv, professionell, ein geborener Verhandler und Konsenssucher, verbindlich im Ton, hart in der Sache, wenn sie ihn denn überzeugt." (2)
Diese Entscheidung des Nobelkomitees fällt in eine Zeit, in der uns die aktuellen Krisenherde der Atomenergie Nordkorea und Iran - fast täglich mit neuen Nachrichten versorgen. Und ausgerechnet die Macht, die de facto als "Weltpolizei" agiert und schon auf der Basis purer Vermutungen über die feindliche Existenz von Massenvernichtungswaffen in den Krieg zog, zeigt sich wenig begeistert. Der Preis für die IAEO sei "wohlverdient", so Condoleezza Rice in knappen Worten und lässt Mohammed el-Baradei unerwähnt.

Des einen Freud, des andern Leid

Über die verhaltene Begeisterung der USA könnte man sich ja schon etwas wundern. Sehen sie sich nicht selbst als Kämpfer gegen Massenvernichtungswaffen in vorderster Front? Aber Mohammed el-Baradei ist nicht ihr Freund. Schließlich wollte und wollte er im Irak keine derartigen Waffen finden. Bei einem Lauschangriff der Amerikaner auf el-Baradei ließ sich nichts hören, was sich gegen ihn verwenden ließe. Eine zweite Amtszeit el-Baradeis konnte somit auch nicht verhindert werden. Und wegen des Vorwurfs, zu geduldig, zu nachgiebig, zu duldsam zu sein, können selbst die Amerikaner niemanden vor den Kadi zerren. (3)

Gerhard Schröder stand aufgrund seines Irakkrieg-Widerstands selbst auf der Liste des Nobelkomitees, freute sich jedoch mit Mohammed el-Baradei über die Auszeichnung für ihn und seine Organisation. Ein anderer Favorit auf der Liste war die japanische Anti-Atombewegung Nihon Hidankyo, eine Organisation, in der sich Überlebende von Hiroshima und Nagasaki gegen eine Wiederholung dieser Katastrophen einsetzen. Sie zeigten sich enttäuscht darüber, dass sie leer ausgingen und kritisierten die Arbeit der IAEO als nicht hart genug.
Mit dem Ägypter Mohammed el-Baradei freuten sich die arabische Welt, der UN-Generalsekretär Kofi Annan, Frankreichs Jaques Chirac und Großbritanniens Tony Blair. Distanzierter reagierte Israel, selbst Atommacht und wenig erfreut über die potentielle atomare Bedrohung durch den Iran. Teheran und Bagdad fanden zwar höfliche Worte, stehen der IAEO jedoch kritisch gegenüber, zum einen weil sie von ihr verdächtigt und kontrolliert

werden, zum anderen weil sie sie als Erfüllungsgehilfen Washingtons betrachten.

"Geschockt" zeigte sich die Umweltorganisation Greenpeace, enttäuscht auch die Internationalen Ärzte für die Verhütung des Atomkriegs (IPPNW). Sie lehnen die IAEO ganz prinzipiell ab, weil sie die friedliche Nutzung der Kernenergie fördert und damit wollen weder Greenpeace noch die Ärzte etwas zu tun haben. Noch extremer reagierte die Umweltgruppe BUND. Sie nannte die IAEO sogar eine "geschickt aufgebaute Tarnorganisation der Nuklearindustrie". (4), (5), (6)

Wirbelstürme verleihen Atomenergie Aufwind

Das Nobelkomitee begründet seine Entscheidung damit, dass die Arbeit der IAEO gerade jetzt wichtig sei, "in einer Zeit, in der Abrüstungsbemühungen in der Sackgasse zu stecken scheinen, in der die Gefahr besteht, dass Atomwaffen an Staaten und Terrorgruppen weiterverbreitet werden, und in der die Atomenergie eine zunehmend wichtigere Rolle zu spielen scheint". (7)
In der Tat scheint die Atomenergie sich derzeit wieder im Aufwind zu befinden. Deutschland steht

(stand?) mit seinem Ausstieg aus der Atomenergie ziemlich alleine da. Der steigende Ölpreis gießt den Pro-Atomkraft-Fraktionen Öl ins Feuer. Die zerstörerischen Wirbelstürme machten mit Bohrinseln und Raffinerien kurzen Prozess und demonstrierten eindrucksvoll die verheerenden Folgen der Klimaerwärmung. Weltweit werden wieder mehr Kernkraftwerke gebaut. In Frankreich, in Finnland, in den USA und vor allem in Asien entstehen neue Reaktoren. (8) Derzeit sind weltweit 441 Atomreaktoren in 30 Ländern im Einsatz. Sie liefern 16 Prozent der gesamten globalen Stromproduktion. Bis zum Jahr 2020 werden weltweit rund 60 neue Kernkraftwerke Strom liefern.

Mit der Bedeutung der Atomenergie und mit der Zahl der Atomreaktoren steigt auch die Gefahr des Missbrauchs. Denn Wissen ist Macht. Und es wäre nicht das erste Mal, dass radioaktives Material aus Atomkraftwerken in falsche Hände gerät und für militärische Zwecke missbraucht wird. Und wer weiß, ob die Terroristen dieser Welt nicht doch eines Tages die "herkömmlichen" Bomben, die nahezu täglich irgendwo hochgehen und die für uns inzwischen selbstverständlicher Bestandteil der abendlichen Nachrichten geworden sind, für zu wenig eindrucksvoll befinden und zu noch drastischeren Mitteln greifen wollen?

Die IAEO - Diener zweier Herren

Die Weiterverbreitung von Massenvernichtungswaffen gilt als eine der Hauptbedrohungen des 21. Jahrhunderts. Die IAEO hat einerseits das Ziel, diese Bedrohung etwas kleiner zu machen, indem sie dafür sorgt, dass spaltbares Material aus scheinbar nur zivilen Atomkraftwerken nicht zum Atombombenbau eingesetzt wird. In diesem Sinne ist sie als Atomwaffenpolizei unterwegs. Andererseits fördert die IAEO die Kernenergie. Es ist nämlich auch ihr Ziel, für ihre friedliche Nutzung zu sorgen. Die IAEO ist das zentrale UNO-Forum für die wissenschaftliche und technische Kooperation im Bereich der friedlichen Nutzung der Kernenergie. Sie unterstützt Staaten bei dem Aufbau ihrer Stromversorgung über die Kernenergie. Die Experten der IAEO entwickeln internationale Sicherheitsstandards für Atomkraftwerke und stellen deren Umsetzung sicher. In diesem Sinne agieren sie als Verkäufer ziviler Atomkraft. (9)
Die Forscher der IAEO sind aber auch auf ganz anderen Gebieten tätig, so etwa in der Medizin, in der Landwirtschaft und Pflanzenzucht, in der Agrochemie. Ein Beispiel: Sie arbeiten an einem Forschungsprogramm, das sich mit der Insektenkunde beschäftigt (SIT = Sterile Insect Technology). Dabei werden männliche Insekten

mittels Radioaktivität bestrahlt und so sterilisiert. Dann werden sie in der Natur ausgesetzt und geben dort ihren sterilen Samen an die Weibchen weiter. Ziel ist es, dadurch langfristig Krankheiten wie Malaria oder die Schlafkrankheit auszurotten. (3) Damit hat die IAEO in der Tat eine Doppelrolle und muss ihrer Aufgabe als Diener zweier Herren gerecht werden.

Die Instrumente der IAEO - besser stumpfe Waffen als gar keine

Die IAEO soll dafür sorgen, dass spaltbares Material aus Atomanlagen nicht für den Bau der Atombombe missbraucht wird. Hauptinstrument ist der Atomwaffensperrvertrag von 1968, der 1970 in Kraft trat und 1995 auf unbegrenzte Zeit verlängert wurde (NPT = Non Proliferation Treaty). Ihm zufolge dürfen "nur" 5 Länder offiziell mit Atomwaffen den Rest der Welt bedrohen: USA, Russland, China, Frankreich und Großbritannien dürfen Nuklearwaffen besitzen. Im Vertrag haben sie sich jedoch zur Abrüstung verpflichtet. Alle anderen Staaten, die sich inzwischen als mächtig stolze Besitzer von Atomwaffen der Welt präsentiert haben, also Israel, Indien, Pakistan sowie jüngst Nordkorea, sind entweder keine NPT-Mitglieder mehr oder aber nie welche gewesen und bedrohen den Rest der Welt illegal. Diejenigen

Staaten, die auf Atomwaffen verzichten, dürfen dafür die positive Kraft der Atomenergie nutzen und friedlich Atomkraftwerke betreiben. (9) Jedoch: Die Bindungswirkung des Atomwaffensperrvertrags ist nicht allzu groß. Dies hat uns Nordkorea demonstriert, indem es 2002 aus dem Vertrag austrat, sich kurz darauf als Atommacht präsentierte und in den letzten Monaten die internationale Atomdiplomatie fest an den Verhandlungstisch kettet. Dieser ähnelt mehr einer Pokerrunde, keiner will sich in die Karten schauen lassen, da wird an einem Abend ein bisschen mit Abrüstung "gebluft", und dann werden flugs ein paar politische und wirtschaftliche Bedingungen nachgeschoben. Und die IAEO hofft, dass ihre Inspekteure bald wieder in das Land zurückkehren dürfen, das sie 2002 rausgeschmissen hatte.

Atomschnüffler auf der Jagd im Irak, im Iran, in Nordkorea

Auf der Jagd nach den verborgenen Atomwaffen sind die Inspektoren der IAEO. Sie werden sozusagen als Atomschnüffler dorthin geschickt, wohin Atomschurkereien vermutet werden. Im vergangenen Jahr wurden 2 302 Inspektionen durchgeführt. Erstmals fahndeten sie nach dem Golfkrieg von 1991 zusammen mit UNO-Experten im Irak nach

Massenvernichtungswaffen. Das Ergebnis war damals positiv. Wenn auch im Krieg vieles zerstört worden war, war doch klar: Saddam Hussein hatte in der Tat heimlich ein Atomprogramm aufgerüstet. 2003 kehrten die Inspektoren in den Irak zurück. Sie suchten wieder intensiv nach den von Bush dort erneut vermuteten Massenvernichtungswaffen. Dieses Mal jedoch fanden sie keine. Wir erinnern uns noch gut, wie Hans Blix seinerzeit dieses Ergebnis präsentierte. Jedoch egal der Krieg wurde trotzdem geführt! Die IAEO hatte zwar Bush & Co. keine Rechtfertigung für ihren militärischen Einsatz geliefert, verhindern konnte sie den Krieg im Namen der Massenvernichtungswaffen nicht.

Seit über zwei Jahren sind die Atomschnüffler nun im Iran unterwegs. Wieder werden ein Missbrauch des zivilen Atomprogramms und ein geheimes Aufrüsten vermutet. Wieder arbeiten die Inspekteure der IAEO gründlich. Wieder setzt Mohammed el-Baradei auf Diplomatie. Und wieder ist die Bush-Regierung ungeduldig und sich ihrer Sache wohl recht sicher. Wer wird den Iran letztendlich stoppen können? Der UN-Sicherheitsrat, an den die IAEO im September mehrheitlich den Fall Iran als nächste Eskalationsstufe empfohlen hat? Augenblicklich hat der Iran angeboten, die Verhandlungen mit der EU wieder aufzunehmen. Die Einschaltung des UN-Sicherheitsrates möchte der Iran wohl doch vermeiden. (10)

Kein Zweifel - der diplomatische Weg à la el-Baradei ist oft langsam und mühsam. Und wirklich aufzuhalten vermag die IAEO auch niemanden. Doch sind die Alternativen besser? Nach dem Motto Laissez-faire tatenlos zusehen? Einem erneuten munteren atomaren Wettrüsten Tür und Tor öffnen? Oder à la Bush wieder in die Schlacht?

Fallbeispiele

Die Pressestimmen aus dem Ausland nach der Bekanntgabe der Entscheidung des Nobelpreiskomitees zeichnen ein geteiltes Bild von Freud und Leid. Sie reichen von Ägyptens naturgemäß uneingeschränkter Freude bis zur erwartungsgemäß wortkargen, gerade noch höflichen Reaktion der USA. (11), (12)
- Großbritannien (13)
- Schweden (13)
- Italien (14)
- Norwegen (15)
- Frankreich (16)
- Schweiz (17), (18)

- Russland (17)
- Iran (19)

Zahlen & Fakten

IAEA bzw. IAEO

- IAEA International Atomic Energy Agency bzw. IAEO Internationale Atomenergie-Organisation

- www.iaea.org

- Gegründet am 29. Juli 1957

- Autonome Behörde innerhalb der Vereinten Nationen (UN)

- Hauptsitz in Wien

- Regionale Büros in Genf, New York, Toronto und Tokio

- Kernforschungslabors in Wien, Triest, Monaco

- Dient der internationalen Zusammenarbeit auf dem Gebiet der Kernenergie

- Soll sichere Anwendung der Kernenergie (z.B.

sichere Atomkraftwerke) und friedliche Nutzung fördern (z.B. in der Medizin, Landwirtschaft und Pflanzenzucht, Agrochemie, Entomologie/Insektenkunde, Produktion, Stromerzeugung)

- Heute Fokus mehr auf Einhaltung des Atomwaffensperrvertrags, gegen Weiterverbreitung von Atomwaffen, gegen Missbrauch von Atomanlagen und radioaktiven Materialien (Uran, Plutonium) für militärische Zwecke, gegen Schwarzmarkthandel radioaktiven Materials

- Hauptinstrumente: Atomwaffensperrvertrag, Inspektoren, z.B. Satellitenüberwachung

- Heute 137 Mitgliedsstaaten im Atomwaffensperrvertrag

- Rund 2 200 Mitarbeiter aus 92 Länder für IAEO tätig, davon rund 350 Inspektoren

- 2004 wurden 2 302 Inspektionen durchgeführt

- Budget von rund 275 Millionen US Dollar

- Organisation setzt sich aus der Generalkonferenz, dem Gouverneursrat und dem Sekretariat zusammen

- Berichte zu den Aktivitäten der IAEO werden regelmäßig und bei Bedarf zusätzlich dem Sicherheitsrat der Vereinten Nationen und der UN-Generalversammlung vorgelegt

Mohammed el-Baradei

- Geboren am 17. Juni 192 in Ägypten

- Jura-Studium in Kairo und New York

- Seit 1964 im diplomatischen Dienst, unter anderem als Diplomat bei den Vereinten Nationen in Genf und New York tätig

- Seit 1984 bei der IAEO

- Seit Dezember 1997 Generaldirektor der IAEO, damit vierter Chef dieser Behörde, Nachfolger von Hans Blix (Schweden)

- Friedensnobelpreis 2005, Überreichung am 12. Dezember 2005, mit 1,1 Millionen Euro dotiert

Weiterführende Literatur

(1) Im Zehnjahresrhythmus

aus Frankfurter Allgemeine Zeitung, 08.10.2005, Nr. 234, S. 2

(2) Beharrlicher Konsenssucher Preisträger Mohammed al-Baradei ist ein Idealist mit hohen Zielen und schwachen Instrumenten
aus DIE WELT, 08.10.2005, Nr. 235, S. 5

(3) O.V., IAEA Internationale Atomenergieorganisation, http://de.wikipedia.org/wiki/IAEA
aus DIE WELT, 08.10.2005, Nr. 235, S. 5

(4) Schirra, Bruno, Der Friedensnobelpreis 2005. "Eigentlich sind wir eine lahme Ente", Welt am Sonntag, 09.10.2005, Nr. 41, S. 8
aus DIE WELT, 08.10.2005, Nr. 235, S. 5

(5) Scharfe Kritik an al-Baradei und IAEA: "Tarnorganisation der Nuklearindustrie"
aus DIE WELT, 08.10.2005, Nr. 235, S. 5

(6) REAKTIONEN Der Jubel wird nicht überall geteilt ABRÜSTUNG - Die Internationale Atomenergiebehörde erhält den Friedensnobelpreis. Damit wird der Einsatz der Organisation gegen die Verbreitung von Kernwaffen gewürdigt. Aber nicht alle wollen sich darüber freuen.
aus Berliner Zeitung, Ausgabe 235 vom 08.10.2005, S. 2

(7) Nobelpreis für El Baradei stößt auf Lob und Kritik Friedensauszeichnung geht an Atomenergiebehörde

IAEA und ihren Chef · Verhaltene Reaktionen in Washington und Teheran
aus Financial Times Deutschland vom 10.10.2005, Seite 15

(8) Renaissance mit Hindernissen
aus Süddeutsche Zeitung, 04.10.2005, Ausgabe Deutschland, S. 20

(9) Gespaltene Atombehörde
aus Süddeutsche Zeitung, 08.10.2005, Ausgabe Deutschland, S. 2

(10) UN-Atombehörde IAEA wacht über die Einhaltung des Sperrvertrags
aus DIE WELT, 08.10.2005, Nr. 235, S. 5

(11) Bergmann, Kristina, Stolz in Ägypten über den Friedensnobelpreis, NZZ am Sonntag, 09.10.2005, Nr. 41, S. 7
aus DIE WELT, 08.10.2005, Nr. 235, S. 5

(12) Wortkarge Reaktion der USA
aus Neue Zürcher Zeitung, 08.10.2005, Nr. 235, S. 2

(13) die anderen zum friedensnobelpreis für al-baradei
aus taz, 10.10.2005, S. 11

(14) Ein Torpedo
aus Frankfurter Allgemeine Zeitung, 10.10.2005, Nr. 235, S. 2

(15) Mehr Mut

aus Frankfurter Allgemeine Zeitung, 10.10.2005, Nr. 235, S. 2

(16) Ein Gendarm
aus Frankfurter Allgemeine Zeitung, 10.10.2005, Nr. 235, S. 2

(17) Blick in die Presse
aus Süddeutsche Zeitung, 10.10.2005, Ausgabe Deutschland, S. 4

(18) Pressestimmen
aus Frankfurter Rundschau v. 10.10.2005, S.2, Ausgabe: R Region

(19) Atomstreit Iran lobt Arbeit von IAEO-Chef El Baradei
aus Frankfurter Rundschau v. 10.10.2005, S.5, Ausgabe: R Region

Impressum

Friedensnobelpreis - Internationale Atomenergie-Organisation (IAEO) ausgezeichnet

Bibliografische Information der deutschen Nationalbibliothek

Die Deutsche Nationalbibliothek verzeichnet diese Publikation in der deutschen Nationalbibliografie; detaillierte bibliografische Daten sind im Internet über http://dnb.d-nb.de abrufbar.

ISBN: 978-3-7379-2321-7

© 2015 GBI-Genios Deutsche Wirtschaftsdatenbank GmbH, Freischützstraße 96, 81927 München, www.genios.de

Alle Rechte vorbehalten. Dieses Werk ist einschließlich aller seiner Teile – z.B. Texte, Tabellen und Grafiken - urheberrechtlich geschützt. Jede Verwertung außerhalb der Grenzen des Urheberrechtsgesetzes bedarf der vorherigen Zustimmung des Verlags. Dies gilt insbesondere auch für auszugsweise Nachdrucke, fotomechanische Vervielfältigungen (Fotokopie/Mikroskopie), Übersetzungen, Auswertungen durch Datenbanken oder ähnliche Einrichtungen und die Einspeicherung und Verarbeitung in elektronischen Systemen.